HIPATIA.
LA PRIMERA CIENTÍFICA DE LA HISTORIA

© Shackleton Books, S. L.

© de las ilustraciones, Ángel Coronado, Oriol Roca,
Cristian Barbeito y Carlos Pascual

© de los textos, Ignacio Iturralde

Primera edición en Shackleton Kids, mayo de 2025
Shackleton Kids es el sello infantil de la editorial
Shackleton Books, S. L.

Realización editorial:
Bonalletra Alcompas, S. L.

Coordinación y supervisión de las ilustraciones:
Peekaboo Animation, S. L.

Diseño de cubierta:
Pau Taverna

Diseño de la colección y maquetación:
Elisenda Nogué

© **Fotografías:** d. p.; Ángel M. Felicísimo,
CC BY 2.0 / Wikimedia Commons; Ted,
CC BY-SA 2.0 / Wikimedia Commons;
d. p.; d. p.; CC BY-SA 3.0 / Wikimedia
Commons; d. p.

ISBN: 978-84-1361-607-0
DL: B 1108-2025

Impresión:
Macrolibros, S. A., Valladolid (España).

HIPATIA

La primera científica de la historia

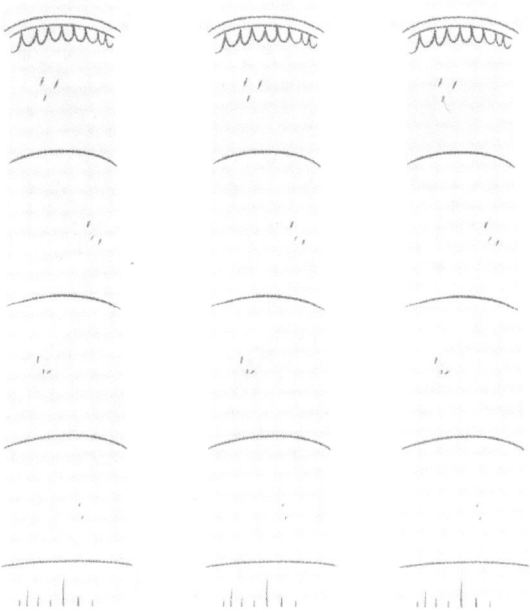

Ve a la última página y descubre contenido y actividades extra.

Mis pequeños
HÉROES

¿Alguna vez te has preguntado cómo lo hacen los científicos para desarrollar sus teorías? ¿Verdad que parece que nunca se equivocan? Pues es justamente lo contrario. Equivocarse es muy importante para aprender. Los conocimientos científicos solo se alcanzan después de muchas investigaciones y de muchísimas pruebas y equivocaciones.

Me llamo Hipatia de Alejandría, y mi gran pasión desde niña fue la sabiduría. Viví hace más de mil quinientos años, cuando la ciencia daba sus primeros pasos. Mis ganas de contemplar el mundo me llevaron a querer aprenderlo todo, aunque también me causaron muchos problemas. Pero me mantuve firme y no dejé que nada me apartara de mi camino. Contagié a mis discípulos mi pasión por la ciencia y la filosofía. ¿Quieres saber cómo lo hice?

Esta es mi historia.

Nací hacia el año 355 en Alejandría, una gran ciudad egipcia en la desembocadura del río Nilo, en la orilla sur del mar Mediterráneo. En aquel entonces, era una ciudad magnífica del Imperio romano en la que se podían visitar muchos lugares preciosos.

Mi preferido era el faro de Alejandría, considerado una de las siete maravillas del mundo. Cuando era niña, solía pedirle a mi padre que me llevara al puerto para contemplar su altísima torre, allá a lo lejos, en la isla de Faros.

—Papá, ¿por qué arde fuego encima de la torre?

—Es el faro. Su luz guía a los navegantes para que lleguen a buen puerto.

—Pues desde aquí parece una estrella más.

—¡Muy bien, Hipatia! Los astros también sirven para guiarse en la mar.

—¿De verdad?

Y así, por casualidad, aprendí cómo se orientan los marineros. Y así, también por casualidad, mi padre me contagió una de sus grandes pasiones: observar las estrellas.

La otra gran atracción de Alejandría era su famosa biblioteca. Era la mayor del Imperio romano y llegó a tener más de medio millón de libros, que en mi época eran rollos de papiro escritos a mano. Allí pasaba los días aprendiendo un montón de cosas. Era como si científicos de otras épocas y otros lugares me explicaran lo que habían descubierto.

Un día que estaba leyendo, sentí una gran inquietud. Mi corazón se aceleró de repente. Debí de hacer alguna mueca extraña porque mi padre me preguntó:

—¿Qué te pasa, *Hipatia*?

—¡Necesito saberlo todo! *¡Tengo que leerme la biblioteca entera! ¡Aaaaah, no puedo parar...!*

—*Es la curiosidad, hija mía. No la pierdas nunca. Úsala siempre para aprender más y más.*

¡Tuve tanta suerte al nacer en Alejandría!

Cuando no estaba en la biblioteca, estaba con mi padre, que era maestro y sabía muchísimas cosas. Lo mejor de todo es que se convirtió en mi maestro, y no perdió los nervios ni una sola vez ante mis constantes interrupciones y preguntas, que parecían no tener fin.

Más de una vez me había quedado totalmente fascinada con sus explicaciones. Especialmente con las matemáticas, pues gracias a ellas sabíamos medir cosas muy muy grandes, como por ejemplo la Tierra. ¿No te parece increíble?

—Pero papá, ¿cómo lo hizo ese Eratóstenes para medir la Tierra?

—Comparó la inclinación del Sol aquí en Alejandría y en otra ciudad egipcia. Realizando unas operaciones matemáticas, llegó a la conclusión de que para dar la vuelta al mundo hay que caminar 252 000 estadios.

—¡Madre mía! ¡Eratóstenes se va a pasar toda la vida dando la vuelta al mundo!

—No, Hipatia, ya no. Hace ya muchos siglos que murió.

Eratóstenes me pareció un genio. Quizás algún día yo podría calcular algo tan grande como él.

Inspirada por lo que había hecho Eratóstenes, utilicé las matemáticas para investigar el cosmos. Y lo primero que hice fue coger el astrolabio y mejorarlo. El astrolabio es una especie de calculadora que sirve para determinar la posición de las estrellas. A los marineros de mi época les era muy útil, sobre todo cuando estaban en alta mar, pero aún se podía mejorar. Así que hice unos cuantos cálculos matemáticos para ajustarlo y... ¡cuando lo probamos, vimos que era más preciso que antes!

—Papá, creo que ya lo tengo: estoy apuntando a la estrella polar.

—Muy bien, Hipatia. Ahora fíjate en las marcas del astrolabio y sitúa el Sol.

—¡Perfecto! Así sabremos qué hora es. Esto es algo muy útil en alta mar.

—Te felicito, Hipatia, tu astrolabio es como un faro de Alejandría de bolsillo.

Después del astrolabio inventé algunos artilugios más. Aunque lo mejor de todo llegó cuando fundé mi propia escuela. Ahí enseñaba a mis alumnos todo lo que había aprendido sobre ciencia, matemáticas y estrellas. Y lo más importante: también discutíamos las teorías que aún no se habían demostrado, como por ejemplo cuál era el centro del universo.

—*La Iglesia y sus creyentes piensan que la Tierra es el centro del cosmos.*

—*Maestra Hipatia, eso lo podemos observar cada noche, cuando se pone el Sol y las estrellas se van moviendo en el cielo.*

—Así es, pero no debes guiarte solo por las apariencias. ¿No te parece demasiada casualidad que estemos en el centro de algo tan inmenso como el universo?

Yo estaba convencida de que la Tierra no era el centro del Universo y de que giraba alrededor del Sol como los demás planetas, pero no lograba demostrarlo. De hecho, tendrían que pasar muchísimos años para que un científico llamado Galileo lo demostrara. Aun así, hubo muchos científicos que hallaron estas ideas muy interesantes y, por ese motivo, me convertí en una persona admirada y bien considerada entre ellos.

El problema es que a los monjes y curas de la Iglesia les molestaba muchísimo que tuviera una teoría diferente a la suya. Yo no entendía por qué, pues al fin y al cabo, podemos pensar de formas diferentes y ser tan amigos. Pero ellos no opinaban lo mismo y querían que me callara. El más duro de todos era Cirilo, el patriarca de Alejandría. Quería que todo el mundo fuera cristiano, como él. ¡Si hasta mandó destruir todos los templos judíos y de las otras religiones que teníamos en Alejandría! Aquello era una barbaridad, aunque lo peor vino después.

Cuando se enteró de mis teorías, irrumpió en mi escuela hecho una fiera.

—*Hipatia, deja de decir tonterías sobre el universo y el cosmos. Dios nos ha dictado la verdad y dice que la Tierra es el centro del universo. No hace falta investigar nada más.*

—*Lo siento. Pero la verdad no la dicta la religión. La verdad se demuestra con la ciencia.*

—*Ah, ¿sí? Pues como sigas así, ¡vamos a quemar tu biblioteca!*

Y aún hay más: la Iglesia no fue mi único enemigo. A lo largo de mi vida tuve que enfrentarme a todos aquellos que pensaban que las mujeres no tienen por qué estudiar ni saber nada y dicen que nuestro deber es tener hijos y cuidar del hogar. Esta idea es totalmente absurda, porque en realidad, todos somos iguales y podemos hacer lo que queramos. Nadie debe decirnos lo que tenemos que hacer.

Yo estaba dispuesta a dedicar mi vida a la ciencia y al conocimiento, pero no todo el mundo me entendía ni pensaba

igual. Y eso me llevó alguna que otra situación desagradable, como cuando uno de mis alumnos me pidió matrimonio.

—Hipatia, te quiero más que el desierto al río Nilo. ¿Quieres casarte conmigo?

—No. Mi corazón ya tiene dueño.

—¿Y quién es él?

—¿No escuchas nada de lo que explico en clase? ¡Mi corazón es de la ciencia!

No obstante, durante muchos años disfruté del afecto de mis alumnos y el respeto de los gobernantes. No solo daba clases en casa, sino que me invitaban a dar charlas en público, y gracias a ello conseguí una gran influencia en mi ciudad. Mucha gente me admiraba y aplaudía.

—Hipatia, háblenos de filosofía. ¿Quiénes han sido los mejores pensadores hasta hoy?

—O, ese es también un tema apasionante. ¡Qué buena idea! Dedicaremos el resto de la tarde a hablar de los grandes filósofos del mundo.

Pero había alguien a quien todo aquello le molestaba cada día más: Cirilo. Otra vez Cirilo... Me tenía envidia por la reputación que había conseguido, y estaba decidido a hacerme la vida imposible.

Eran tiempos complicados, pero, a pesar del peligro que corría, seguí dando conferencias, y cada vez venía más y más gente a escucharme. Además de mis queridos discípulos, solía ver en los bancos a un gran número de ciudadanos desconocidos. Me alegraba saber que en Alejandría aún quedaba gente curiosa, con ganas de aprender y conversar sin miedo.

Hasta que un día Cirilo decidió expulsar de la ciudad a todos aquellos que no eran cristianos, como yo.

Mis amigos intentaron convencerme de que debía huir, pero yo no quise hacerlo. Había nacido en Alejandría y nadie tenía derecho a echarme de mi ciudad.

—*Maestra Hipatia, pero ¿de qué le servirán sus teorías y su ciencia si la encierran en la cárcel? ¡Es mejor que huya!*

—*No os preocupéis por mí. Estoy decidida a quedarme y a defender mis ideas hasta donde sea necesario.*

Los terribles celos que Cirilo sentía le llevaron a crear y alimentar falsos rumores sobre mí. Decía que yo era una bruja malvada que hechizaba a los jóvenes. Y, muy a mi pesar, muchos de mis vecinos creyeron ciegamente estas habladurías y empezaron a pensar que me había convertido en un gran peligro para la ciudad. Sentían miedo cuando se cruzaban conmigo por la calle. Y el miedo es un

sentimiento muy peligroso, porque si no lo controlamos nos puede volver locos.

Por culpa de las habladurías y del miedo, allá por el año 415 una multitud de cristianos me atacó en plena calle. Me sacaron de mi carruaje y me hirieron mortalmente. Yo, que tanto amaba la verdad, morí por una falsa idea divulgada por los enemigos de la ciencia.

A lo largo de mi vida, escribí varios libros, pero por desgracia no se conserva ni una sola línea. Suerte que mis discípulos continuaron enseñando a otros y explicándoles quién fui y cuáles fueron mis teorías. A través de ellos, mi figura se ha mantenido viva hasta la actualidad.

—Entonces, ¿cuánto tiempo pasó hasta que demostraron que Hipatia tenía razón?

—¡Más de mil años! Galileo demostró que la Tierra gira alrededor del Sol, tal como decía ella.

—¡Es increíble!

Hoy todavía se admiran mis trabajos y mis descubrimientos. Y son muchos los que, como hice yo, quieren compartir sus conocimientos con otros. Siempre me sentí unida a mis alumnos. Tanto que ellos me llamaban madre y hermana. Yo les llamaba compañeros. Y les repetía constantemente que debíamos amarnos como si fuéramos una familia.

Me llamo **Hipatia de Alejandría** y esta fue mi historia. Mi gran curiosidad y el amor que sentí por el conocimiento me llevaron a convertirme en la primera mujer científica y en la maestra más sabia del Imperio romano.

Abrí el camino de la ciencia y la filosofía a las mujeres. Demostré que las ideas no son de nadie, ni masculinas ni femeninas; solo son falsas o verdaderas. Luché por defender nuestra libertad para pensar, frente a los que quieren prohibirlo. Y mostré al mundo que para descubrir la verdad hace falta ser libre para pensar y equivocarse. Solo así la Humanidad avanza.

¿Te unes a nuestra familia, compañero?

FIN

HIPATIA:
ESTA ES SU HISTORIA

Hipatia nació alrededor del año 355 en la ciudad egipcia de Alejandría. Allí se encontraba la mayor **BIBLIOTECA** del mundo. Su padre, Teón, era el director del Museo asociado a la biblioteca, y, además, un gran filósofo. Desde que era pequeña, le inculcó a su hija el amor por el conocimiento.

Hipatia estudió a los grandes sabios de la historia, y descubrió que habían conseguido explicar muchos fenómenos gracias a las **MATEMÁTICAS.** La astronomía fue otra de sus grandes pasiones, tanto, que mejoró varios instrumentos, como el astrolabio, para hacer mediciones más precisas del cielo, y fundó su propia escuela.

355	364	380	385	391
Hipatia nace en Alejandría, Egipto.	Teón, su padre, predice dos eclipses.	Hipatia comienza a dar clases.	Teófilo es elegido obispo de Alejandría.	Teófilo comienza a perseguir a los no cristianos y ordena destruir el Serapeum, el santuario de Serapis.

Cuando el patriarca cristiano Cirilo quiso echar de Alejandría a todos los que no pertenecían a su religión, Hipatia, que era pagana, se negó en redondo a irse. ¡No había hecho nada malo, solo pensar diferente! Pero Cirilo no paró de atacarla, diciendo **MENTIRAS** sobre ella y haciendo que muchos se volvieran en su contra.

Como ha sucedido con muchos pensadores, las ideas de Hipatia no gustaron a algunas personas. Ella pensaba que *¡LA TIERRA GIRABA ALREDEDOR DEL SOL!* Y esta idea le acarreó el odio de la Iglesia, que afirmaba que la Tierra era el centro del universo. Además, en su época no estaba bien visto que las mujeres estudiaran, así que no lo tuvo nada fácil.

Una noche, en el año 415, un grupo de exaltados atacó a Hipatia en plena calle hasta acabar con su vida. Pero, afortunadamente, las ideas son inmortales, y las de Hipatia han llegado hasta nosotros gracias a todos los alumnos que pasaron por su escuela y nos las han contado. Esto nos enseña que siempre hay personas dispuestas a defender la **VERDAD** por encima de todo.

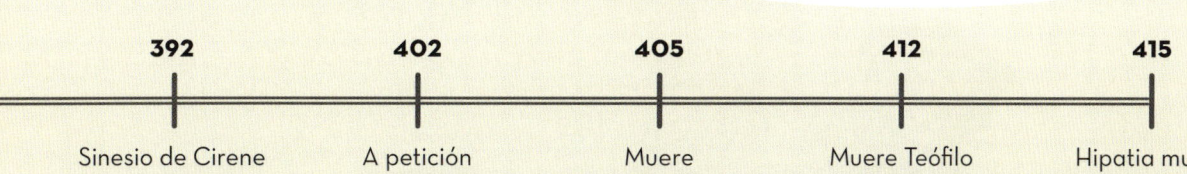

392	402	405	412	415
Sinesio de Cirene llega a Alejandría y se convierte en alumno de Hipatia.	A petición de Sinesio, Hipatia construye un hidroscopio.	Muere Teón, su padre.	Muere Teófilo y Cirilo le sustituye como obispo de Alejandría.	Hipatia muere atacada por un grupo de cristianos en Alejandría.

¿QUIERES SABER MÁS?

«Defiende tu derecho a pensar,
porque incluso pensar de manera errónea
es mejor que no pensar en absoluto».

Hipatia de Alejandría

LA CASA DE LAS MUSAS

La biblioteca de Alejandría formaba parte del centro de investigación más importante de la Antigüedad: el Museo de Alejandría, o 'casa de las Musas', que el faraón Ptolomeo creó para alojar a los poetas y estudiosos que llegaban a la ciudad. Tenía un zoo, un observatorio y diez laboratorios. La biblioteca tan solo era la habitación donde se guardaban los libros para que los investigadores los pudieran consultar. Hay quien dice que llegó a haber medio millón de obras allí, lo que es complicado, ¡porque no se había escrito tanto! Pero sí que se piensa que pudo haber en torno a unos 50 000.

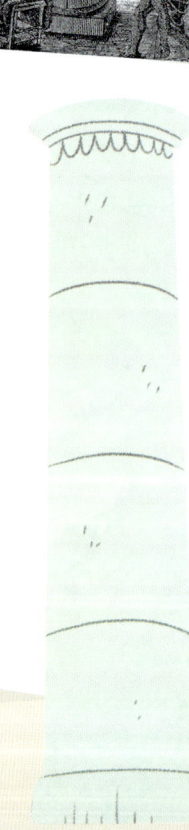

LA SIETE MARAVILLAS DEL MUNDO ANTIGUO

A lo largo de la historia, los seres humanos han construido edificaciones y monumentos impresionantes. Algunos viajeros de la Antigüedad hicieron una lista con las «siete maravillas» más bellas de su tiempo. Una de ellas, era el faro de Alejandría; las otras seis eran: la gran pirámide de Guiza, también en Egipto; los jardines colgantes de Babilonia, en Iraq; el templo de Artemisa en Éfeso y el mausoleo de Halicarnaso, ambos en Turquía, y la estatura de Zeus en Olimpia y el coloso de Rodas, en Grecia. Desafortunadamente, todas, menos la gran pirámide de Guiza, han desaparecido ya.

EN EL CENTRO DEL UNIVERSO

Aunque no se conservan escritos originales de Hipatia, sí sabemos que fue una pensadora muy adelantada a su tiempo. Entonces se creía que la Tierra era el centro del universo y que el Sol y los demás planetas giraban en torno a ella. Solo Aristarco de Samos, en el siglo III a. C., se había atrevido a decir que esto no era así, pero nadie lo creyó. Es posible que Hipatia conociera los trabajos de Aristarco y se hubiera dado cuenta de que este tenía razón, pero no lo sabemos con seguridad. Pasaron más de mil años hasta que en 1543 Nicolás Copérnico demostró que, en efecto, la Tierra gira alrededor del Sol.

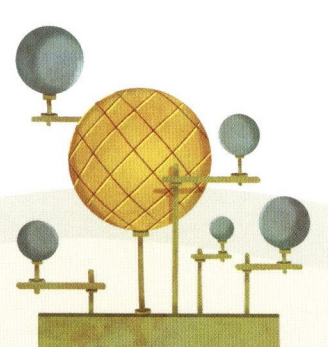

La editorial de los pequeños exploradores

En **Shackleton Kids** queremos que nuestros libros sean mucho más que libros. Escanea los códigos QR y disfruta de todo un mundo de contenido extra con el que descubrirás que aprender es la aventura más divertida.

Descubre la versión animada del libro en nuestro canal de YouTube.

En casa o en el cole, sigue aprendiendo y divirtiéndote con nuestro contenido extra: pasatiempos, quiz, ejercicios...

Si te ha gustado *Hipatia*,
descubre más títulos de la colección

Mis pequeños
HÉROES

Aprende de los auténticos héroes de la historia y descubre los valores que los inspiraron.

 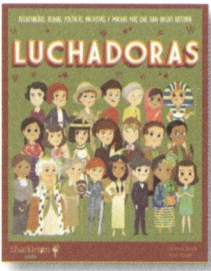 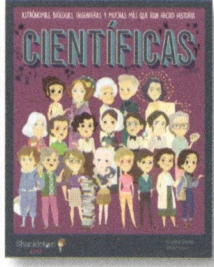 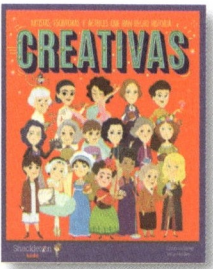

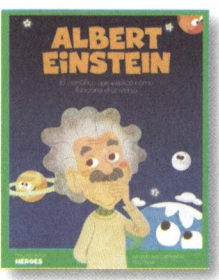 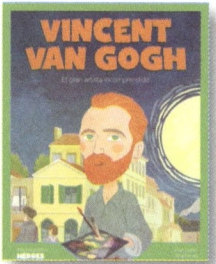 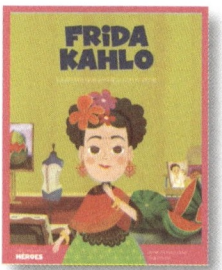 

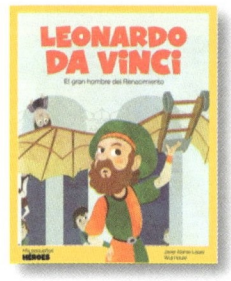 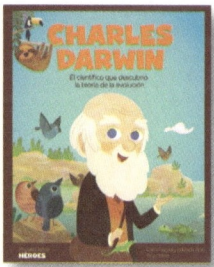  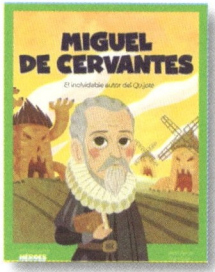

¡Y mucho más en nuestra web!

shackletonkids.com

@shackletonkids